Entrepreneur 2.0

Guide des bonnes pratiques pour réussir dans le monde de l'entreprenariat

Introduction	3
Redéfinition de l'entrepreneur	7
La compétence entrepreneuriale	10
Connaître le marché	11
Concevoir une solution	16
Vendre le produit	30
Les différentes manière d'entreprendre	47
Startup	48
Infopreneur et web entrepreneurs	52
Artisanat	56
La franchise	57
Réussir dans l'entreprenariat	58
Le Lean prototypage	63
La gestion	67
Optimiser son temps	67
Gérer son argent	73
Gestion organisationnelle	75
La délégation	77
Statut fiscal	79

Introduction

Les entrepreneurs sont les individus qui choisissent de créer leur propre entreprise. Ils quittent un emploi et/ou un patron pour pouvoir agir seul, ou en groupe d'associés, et changer la face du monde.
En France, ces entrepreneurs ont créé 550 000 entreprises en 2016. La création d'entreprise a une dynamique très forte. Cette dynamique fait partie d'une valeur française et européenne. C'est la volonté de créer et de résoudre des problèmes. C'est aussi le voeu de liberté financière ou géographique pour certaines personnes. Au-delà du statut juridique, les personnes peuvent entreprendre des choses dans leur vie quotidienne et privée. Être entrepreneur, c'est aussi une nature et des convictions. Ces divers profils sont de tous âges, mais les jeunes ont une tendance plus sérieuse à l'entreprenariat ces dernières années.

Bien que l'entrepreneuriat ait essuyé l'image d'une mauvaise réputation, son blason est redoré. L'Europe a pris pour exemple l'Amérique et les USA. Aujourd'hui le paysage entrepreneurial français change, en effet, 57% des français considèrent que l'entrepreneuriat est un bon choix pour une carrière réussie, et pour 89% des Français, l'entreprise est associée à quelque chose de positif.

Un problème persiste encore actuellement : il y a une différence entre l'intention de créer une entreprise, et la création réelle de la structure.

Cela veut dire que l'entrepreneuriat est un rêve, un objectif pour de nombreux citoyens. mais que cet objectif ne sera jamais accompli pour la plupart..

Pourquoi ?

Les personnes qui veulent entreprendre ont peur de se lancer, ils ont peur de ne pas réussir, peur de l'échec, peur de ne pas avoir le temps. Ils peuvent aussi avoir peur des autres.

À chaque problème, des solutions existent, même si les problématiques de l'entrepreneuriat sont assez complexes. Cela n'empêche pas des entrepreneurs de réussir chaque jour. Nous sommes tous égaux, et beaucoup y arrivent, pourquoi pas vous ?

Être entrepreneur, c'est travailler, beaucoup, beaucoup, beaucoup. Au moins au lancement de l'activité. Les entrepreneurs ne travaillent pas pour un patron, ils travaillent pour eux. Par conséquent, le travail et le temps sont directement corrélés aux revenus.

Si une personne motivée a l'intention d'entreprendre, si elle veut réussir, elle se doit de bien travailler, de façon pragmatique et organisée.

Si ce rêve entrepreneurial n'est pas accompli dans tous les cas. c'est parce que les individus n'envisagent pas toutes les facettes du métier. Être entrepreneur, c'est savoir exercer son activité, mais c'est aussi faire de la comptabilité, de la gestion de patrimoine, de l'optimisation de la productivité et du temps, du management, de la publicité, du marketing, de l'étude de marché, de l'amélioration de produit, de l'écoute client, de la communication, de l'événementiel, de l'optimisation fiscal.....

Vous l'avez compris, si vous endossez le rôle d'entrepreneur, cela correspond à une gestion complète d'entreprise. Même seul, il faudra voir plusieurs casquettes pour réussir. Vous ne pouvez pas construire un produit, si personne ne sait le vendre. Vous ne pouvez pas vendre sans calculer les marges et les coûts.
Si des personnes échouent à construire une entreprise, c'est parce qu'il n'envisage pas tous cela. Il faut prendre plusieurs compétences en considération. Il ne faut pas être un expert, mais il faudra cependant se pencher sur la diversification.

Cela étant dit, l'entreprenariat est fascinant. Bien qu'il ne soit pas adapté à tout le monde, la barrière à l'entrée est assez élevée. Rien n'est insurmontable. Ces défis sont possibles, vous pouvez les relever !

Dans ce livre, nous étudierons les différentes méthodes qui permettent aux entrepreneurs de réussir. Nous apporterons un côté pratique aux choses avec des expériences et/ou des informations concrètes.
Il y a plusieurs façons d'échouer, il y a plusieurs façons de réussir. Mais avec les informations présentes dans ce livre,

vous partez sur des bonnes bases pour débuter le monde de l'entreprenariat.

Notez que ce monde d'entreprise est un monde où l'apprentissage est constant, il faut se renouveler, il faut apprendre pour progresser et innover.

Il y a différentes façons d'entreprendre, et il y a aussi différents entrepreneurs. L'objectif des entrepreneurs est pourtant toujours similaire.
Étudions maintenant l'entrepreneur, sa vision, son profil, ses défis, redéfinissons-le !

Redéfinition de l'entrepreneur

Un entrepreneur est, d'après plusieurs dictionnaires publics, « une personne qui, dans le cadre d'un contrat d'entreprise, s'engage, moyennant une rémunération, à exécuter un certain travail au profit d'une personne, appelée maître de l'ouvrage ».

Nous avons ici la définition d'un chef d'entreprise.
L'entrepreneur effectue le maître d'œuvre. Il est chargé de réaliser les actions concrètes voulues par le maître d'ouvrage.

Le maître d'ouvrage commande la réalisation d'un produit ou d'un service. Alors que maître d'ouvrage réalise le projet.
Ce maître d'œuvre, c'est l'entreprise de l'entrepreneur. Et le maître d'ouvrage, ce sont des clients, ou encore l'entreprise en elle-même.
Les entrepreneurs peuvent donc travailler pour des clients, ou pour leurs propres projets, selon les structures.

Un entrepreneur est une personne qui entreprend à travers des structures comme la S.A.R.L ou l'EI. Peu importe la structure juridique, l'entrepreneur travaille pour son entreprise, il travaille pour développer la finance de celle-ci et sa notoriété.

Voilà la pensée entrepreneuriale. L'entrepreneur utilise régulièrement des idées et des projets pour atteindre ses objectifs.

La pensée entrepreneuriale, c'est aussi des besoins.
- Le besoin de liberté dans le travail : C'est-à- dire la flexibilité des horaires, la gestion propre du temps et la liberté dans les décisions.
- La richesse : L'entrepreneur est rémunéré de façon non stabilisé, cela peut être un moteur, un besoin. Les revenus n'ont pas de limites en revanche, malgré quelques inconvénients notables.
- L'aide : Entreprendre, c'est résoudre les problèmes de la population. Cela signifie implicitement d'aider le monde à changer, à évoluer.
- Le besoin social : entreprendre nécessite de communiquer.

Au-delà des traits qui caractérisent un entrepreneur, ceux-ci ont très fréquemment des visions particulières du monde qui nous entourent.

La ou les individus communs sont dans le monde de la consommation ; Les entrepreneurs sont dans le monde de la créativité. Ils sont empathiques et savent trouver des solutions, pour des problèmes dans un secteur délimité.

Cette vision du monde en problème-solution est parfaite pour innover et créer des nouvelles solutions à commercialiser.

Les entrepreneurs sont actifs dans des segmentations de marchés précis, et ils connaissent l'offre et la demande.

Le clichés d'entrepreneurs avec des idées merveilleuses est cependant faussée. Certains ont eu des idées de génies, mais il ne suffit pas d'une idée pour réussir. Et une idée moyenne peut évoluer avec le temps, puis attaquer un marché avec un angle précis. Ce n'est pas l'idée qui prime, mais plutôt son évolution.

Les entrepreneurs pensent qu'ils sont rémunérés en fonction de la valeur qu'ils apportent. La ou la majorité des individus normaux pensent qu'ils échangent uniquement du temps contre de l'argent.

Les entrepreneurs sont convaincus que la valeur que l'on ajoute dans le marché, n'est pas directement corrélée au temps que l'on passe à créer un produit ou un service. Même si le temps a évidemment un impact.

Ainsi, vous pouvez passer beaucoup de temps à résoudre un problème qui a peu d'importance : Cela n'apporte que peu de valeur.
Mais vous pouvez passer beaucoup de temps à résoudre un problème qui a une importance extraordinaire pour la population. Cela apportera beaucoup de valeur supplémentaire, pour le même temps investi.

Les objectifs sont donc la compréhension du marché, et la résolution des problèmes dans celui-ci. Ce sont les défis primordiaux.

D'autres briques s'ajoutent en annexe, comme le partage du savoir, l'affection pour les projets, la communication et autres… mais principalement, il faudra retenir qu'un entrepreneur doit faire seulement trois actions.

1. Comprendre un besoin
2. Trouver une solution
3. Vendre la solution

Ces actions constituent la vie de l'entrepreneur, et il y a mille et une manières d'y parvenir. La comptabilité, la fiscalité, le management sont aussi de bonnes compétences, mais cela ne représente pas la plupart du temps de l'entrepreneur.

La compétence entrepreneuriale

Étudions ces compétences, À savoir le besoin utilisateur et/ou client, la conception de la solution appropriée, et la vente de cette même solution.

Connaître le marché

Tous le monde connaît le marché, mais peu savent le définir correctement. Le marché, que celui-ci soit dans un secteur de business, ou encore sur la place de votre petit village favoris, est exactement la même chose.

Le marché est simplement le point de rencontre entre l'offre et la demande. C'est pour cela que dans la finance, nous parlons de marché financiers. Ce marché met en opposition ceux qui veulent acheter des actifs financiers, et les personnes qui veulent les vendre.

L'étude de marché
Afin de juger la pertinence d'un produit, ou la position d'un prospect sur le marché, la première étape est de segmenter le marché. Délimiter un secteur géographique et une activité, sont des bases pour segmenter le marché. Par exemple, si je suis une entreprise qui propose un service de développement web. Mon marché, ce sont les acteurs qui sont reliés aux développement web de près ou de loin. Et les clients de ces acteurs.

D'un côté, il y a l'offre : c'est à dire vous, vos concurrents, et toutes les entités qui proposent sensiblement la même chose. Et de l'autre côté, il y a la demande, c'est-à-dire les personnes qui vont acheter vos produits ou services.

Une étude de marché permet de connaître son marché, ses concurrents, et leurs produits. Cette étude de marché place votre futur produit ou service dans son milieu final, afin d'en étudier l'impact et la rentabilité.

Une bonne étude de marché possède plusieurs angles d'analyse. Il y a les approches politique, économique, socio-culturelle, juridique, environnementale, et technologique.
Un document résultant de cette étude résume les forces et les faiblesses de votre produit et des produits de vos concurrents, dans ces 6 approches différentes.
Après la mise sur le marché, L'étude a pour objectif d'être mise à jour, afin d'avoir une "Étude de marché de terrain". C'est-à- dire l'étude réelle, avec les métriques réalistes. L'étude de terrain offre un avantage pour créer un second produit sur le même marché.
L'étude concurrentielle est appelée "benchmark".

Le business plan
L'étude de marché doit être suivie par le business model. Ce document décrit comment le produit impactera la population, et les méthodes de monétisation liées à un ou plusieurs de vos produits.

Par exemple, pour une application mobile, il y a différentes manières de gagner de l'argent et d'atteindre le seuil de rentabilité.
- La publicité
- L'application payante
- Le sponsoring
- L'affiliation
- Les achats intégrés (achat in app)

Ces méthodes seront écrites dans le business plan.

La matrice SWOT
Cette matrice est un outil célèbre, acronyme de Strengths, Weaknesses, Opportunities, et Threats. Cela aidera à étudier les forces, les faiblesses, ainsi que les opportunités et les menaces qui pèsent sur vos produits, ou sur votre entreprise.
La matrice SWOT est très utilisée également pour le travail en mode projet. Cela aide à cibler les difficultés, et le caractère aléatoire des choses qui entourent une entité. Ci-dessous, une matrice SWOT pour l'entreprise facebook démontre l'intérêt de l'outil.

SWOT FACEBOOK

Forces	Faiblesses
• Marque forte • Portefeuile diversifié • Domination du marché • Clientèle fidèle • Meileur employeur au monde	• Préoccupation des donées utilisateurs • Dépendant de la publicité • Les « fake news » • Tensions managériales

Opportunités	Menaces
• Diversification du portefeuille • Expansion de plateformes existantes • S'intégrer dans d'autres applications • Cibler un autre public • Expansion grâce aux nouvelles acquisitions	• Concurrence • Renforcement de la réglementation • Interdiction dans certains pays • Vol de données • Réputation entachée

Marché de niche

Comment être le meilleur ? Comment surpasser ses concurrents déjà établis depuis longtemps ? Comment se démarquer réellement de la concurrence, avec un savoir identique ?

Les blogueurs ont compris cela depuis longtemps. La stratégie consiste à nicher son entreprise.

Si vous voulez créer une entreprise avec un produit qui aide les animaux à se sentir mieux et en pleine forme. Vous pouvez attaquer un marché de masse, soit l'alimentation canine. Ou attaquer le marché avec une position de niche. Pourquoi ne pas faire une alimentation fortifiante pour les lézards et les serpents ?

Vous serez tout de suite classé comme spécialiste, même si vous êtes nouveau dans le secteur.

Le marché de niche offre une position. De nombreux secteurs ont encore des marges de progression énormes vis-à-vis des marchés de niche.

Le marché, le besoin
Si vous avez correctement réalisé l'étude de marché, l'étude concurrentielle, et que vous connaissez les méthodes de rentabilité du secteur, ainsi que les forces et les faiblesses de votre entreprises, ainsi que les entreprises et produits concurrents. Alors vous connaissez le besoin dans votre marché.

Si vous n'avez pas d'idée d'amélioration de produit et/ou de besoin à combler. Il y a plusieurs solutions qui s'offrent à vous.
　1. Les sondages
Les sondages sont un excellent moyen de comprendre le besoin des autres. Vous pouvez créer un sondage sur google form, puis le soumettre à une communauté de personnes ciblés, comme des groupes d'amis, des écoles, ou encore des groupes spécialisés sur facebook, youtube ou instagram.
Des statistiques amélioreront la compréhension du besoin. Et des questions comme "Quelle est votre principale difficulté dans XXX" sont très pertinentes. Vous parlez ici réellement des personnes ciblées, qui vous aideront à appréhender le besoin.
　2. Votre entourage et vos problèmes
Votre entourage peut aussi vous aider. D'une manière générale, poser des questions, c'est demander à comprendre le monde, et lorsque le monde s'ouvre à vous, vous comprendrez le besoin.

Vos problèmes peuvent aussi être la base de bonnes idées de business. Cependant, votre position n'est pas représentative du besoin d'autrui, alors il faudra confirmer vos idées avec d'autres méthodes comme celles présentées précédemment.

La plupart des entrepreneurs cherchent à résoudre des besoins profonds. Un besoin profond est un besoin essentiel. Il est classé au plus bas possible sur la pyramide de maslow, et il peut résoudre des problèmes graves. Maigrir est un besoin profond, se loger est aussi un besoin profond,enfin, gagner du temps est un besoin profond. Ces problèmes sont basiques et ont une grande utilité pour un grand nombre de personnes.

Concevoir une solution

Comprendre le besoin est essentiel. Avec ce besoin plus ou moins profond, l'entrepreneur peut adapter un produit, qui fusionne parfaitement avec le marché.

Il existe une multitude de solutions, il y a une multitude de problèmes. Et pour chaque solution, il y a un angle d'attaque, et un discours approprié.

Comment concevoir une solution qui résout un problème ?

Plusieurs méthodes, stratégies et outils permettent de créer des solutions, en partant du besoin utilisateur. Regardons ensemble ces méthodes qui ont fait leurs preuves.

Le brainstorming
le brainstorming, littéralement "tempête de cerveau", est un type de carte mentale qui a pour objectif de mettre à plat les différentes idées qui gravitent autour d'un problème. Un schéma à bulle est utilisé pour représenter ces idées. Les idées peuvent ensuite être classées en plusieurs catégories, ou encore par ordre de pertinence.

Il s'agit ensuite de trier les idées, afin de conserver la meilleure. On peut aussi trouver une solution qui englobe plusieurs idées.
Plus largement, le brainstorming est utilisé pour obtenir des idées. Que cela soit un problème général, un problème précis, ou un contexte divers.

La page suivante représente un brainstorming avec les éléments que nous avons vu ici Notez que les éléments ne doivent pas tous être pertinents, cette carte est là pour donner un aperçu des possibilités. Des idées peuvent être barrées ensuite, elles auront le mérite d'avoir été prises en compte.

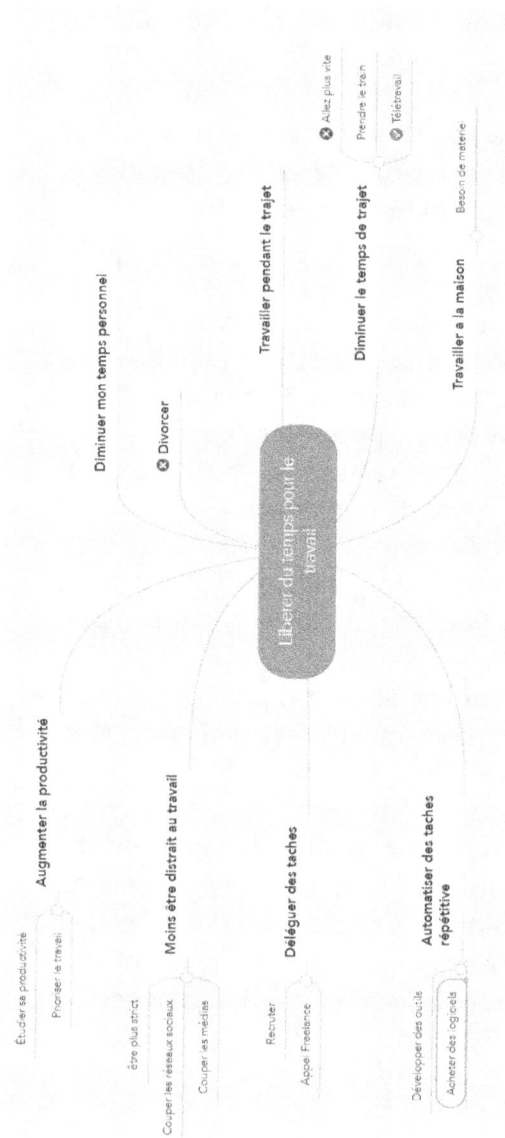

Les 5 "pourquoi"
Les 5 questions consécutives sont très appréciées pour trouver des causes profondes dans la création du produit.
Même si un utilisateur a un besoin profond que vous avez détecté à l'étape précédente. Il s'avère que ce besoin peut être liées à une cause plus profonde, que vous ne prenez pas encore en compte. Pour obtenir des causes racines, et aller plus loin dans la réflexion du problème, vous pouvez utiliser la méthode des 5 pourquoi. Cette méthode garantit de trouver de bonnes causes, afin de créer un meilleur produit. Cette étape permet de valider le besoin détecté précédemment, et de savoir si une solution est envisageable avec vos compétences. Regardons un exemple, toujours dans le domaine du gain de temps.

Pourquoi je n'ai pas de résultat ?
    Parce que je n'ai pas assez de temps
Pourquoi je n'ai pas assez de temps ?
    Parce que je travaille sur des projets inutiles pour moi
Pourquoi je travaille sur des projets inutiles ?
    Parce que j'accepte des projets trop vite
Pourquoi j'accepte des projets trop vite ?
    Parce que mon entourage me demande de l'aide
Pourquoi mon entourage me demande de l'aide ?
    Parce que je suis trop gentil, et compétent

Comme vous l'avez compris, cette méthode pousse les causalités pour trouver des causes racines. Dans cet exemple, le besoin est la libération du temps d'un individu. C'est vrai, c'est un réel besoin...Vous l'avez observé lors de l'étude. Mais travaille t-il mal ? Ou travail t'il trop pour une cause qui ne lui plaît pas ? Ce sont des causalitées opposées, il faut prendre en compte cela dans la compréhension du monde, toujours dans l'objectif de dessiner une solution à un besoin.

Cette méthode est applicable d'un point de vue personnel, ou d'un point de vue d'une entité juridique, comme à une équipe d'entreprise par exemple. Elle peut être appliquée a beaucoup d'échelles, pour tous types de problème. Son avantage réside dans le fait qu'elle n'a pas de coût en ressource. Un entrepreneur peut se poser ces questions pendant un trajet, dans son lit ou lors d'une discussion. C'est extrêmement puissant et simple à appliquer.

Imaginer la solution

D'après les sondages utilisateurs, les compréhensions diverses et vos réflexions, vous êtes en mesure d'imaginer de percevoir la douleur et les problèmes de vos potentiels futurs prospects.

Il est temps d'agir, utilisez les causes profondes et le brainstorming pour éliminer ces problèmes. Des solutions peuvent être innovantes, ou déjà existantes, mais prises avec un angle différent. Vous pouvez aussi prendre un outil déjà existant, puis l'améliorer pour faire mieux, et proposer beaucoup plus de fonctionnalités, en évitant le plagiat.

Imaginons un scénario: Un individu représentatif d'un marché cherche à envoyer des mails à son audience, En priorité, il veut que son audience ouvre les mails.

Plusieurs produits/services sont concevable, voici un ensemble de projets qui solutionnerait le problème dans notre cas précis :
- Un plugin Wordpress pour envoyer des mails
- Une formation sur les outils déjà existant
- Un audit sur les campagnes emailing
- Un service d'écriture 'copywriting'
- Un accompagnement sur le ciblage des utilisateurs.
- Un tableau de bord statistique
- Un site web pour automatiser l'envoi
- Un logiciel d'A/B testing

La méthode SCAMPER

Cette méthode est méconnue, et pourtant elle est efficace pour trouver une idée de produit, à partir d'un besoin. SCAMPER est un acronyme dont les 7 lettres, sont 7 moyens de développer un produit.

- S (Substituer : Remplacer la souris d'un clavier par un pad tactile,...)
- C (Combiner : un bonnet avec des écouteurs intégré)
- A (Adapter : Un arrosage léger pour ceux qui ont des faiblesses musculaires)
- M (Modifier : La prise en main pour faire une souris ergonomique)

- P (Proposer : Des insectes, à élever...)
- E (Éliminer : écouteurs sans fil)
- R (Réorganiser : Un nouveau type de rangement pour un dressing)

Substituer, combiner, adapter, modifier, proposer, éliminer, et réorganiser sont des moyens pour développer un produit, qui a la possibilité d'être un produit innovant. Le principe étant d'apporter une touche personnelle à un produit existant,

Créer la solution véritable
C'est sympathique d'imaginer les solutions, mais comment faut-il faire concrètement ?

Du côté des produits, vous pouvez créer des objets matériels, ou des objets immatériels. Ces deux faces ont des caractéristiques bien définies. Un produit immatériel peut souvent se vendre à l'infini sans récréation, mais trouve plus difficilement son public, et est parfois long et coûteux à concevoir.
Les produits matériels touchent plus facilement leurs public, mais il y a une logistique à appliquer, et une expertise certaine si l'objet est technique.

Il y a la catégorie des services, ou vous échangez encore du temps contre de l'argent, mais cela peut être très rentable.

Les logiciels Saas (Software as a service)permettent d'échanger un service plus ou moins automatisé.

Pour chacun des types de solution, il y a des avantages et des inconvénients. La première chose à faire est de sélectionner le type de service que l'on veut apporter au clients.

- Les clients plus jeunes préféreront les logiciels
- Les individus achètent plus de bien matériel

Ce genre de réflexion vous aidera à choisir !

Une fois votre produit clairement défini, il faudra sélectionner les ressources nécessaires à la création de celui-ci. Cela peut être des développeurs, des designers, mais aussi des cartes électroniques, une intelligence artificielle, du béton, des batteries,...

Toutes ces ressources devront s'entremêler pour créer le produit. A partir de là, il faut répartir le travail entre les membres de l'équipe, et planifier sont temps. A l'aide d'un diagramme de gantt par exemple. (Ce diagramme est un calendrier des tâches, avec des jalons qui définissent des livrables, des taches peuvent être dépendantes d'autres taches).

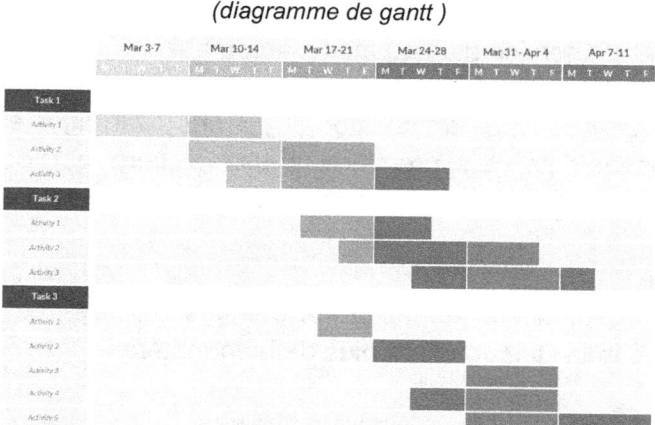
(diagramme de gantt)

Des rendez-vous hebdomadaires avec l'ensemble des acteurs d'un projet sont de bons atouts pour communiquer, et produire un travail compatible entre ces acteurs. Au sein d'une même équipe, des réunions quotidiennes sont, pour certains, inestimables.

Pour créer un bon produit, il faut un prototype. Ce prototype sera construit à des objectifs de tests et d'amélioration. Il sera en revanche capable de démontrer l'intérêt du produit. Une section entière sera dédiée au prototypage par la suite.

La conception d'un produit doit faire l'objet d'une étude de production. Comment l'objet se comportera-t-il en production ? Le logiciel tiendra t'il le coup ? La logistique de

livraison tiendra-t-elle ses délais ? Comment les clients interagissent avec votre produit dans son état final?
Ce sont les questions quotidiennes d'un entrepreneur. Il faut anticiper le futur.
- Anticiper les retours utilisateurs avec le recours à des micro-sondages bêta-test.
- Anticiper les contraintes du produit, a quelle force sera t'il soumis ?
- Anticiper la vie du produit dans les mains d'un public cible.
- Anticiper la vie du produit dans les mains d'un public plus jeune.

Le cahier des charges
Dans tous les types de projets, que cela soit pour communiquer avec des clients, avec des prestataires, mais aussi pour bien définir le projet, ses fonctionnalités, son design, son utilité.. Le cahier des charges est indispensable.
Même juridiquement, le cahier des charges fixe sur le papier les différentes parties qui concerne le projet.
Dans ce document, il faut détailler les choix techniques et artistiques, les possibilités et les contraintes liées au projet et bien plus encore..
Voici un sommaire tout à fait réaliste d'un cahier des charges :

- → Contexte
- → Objectif
- → Description de l'existant
- → Critère d'acceptabilité du produit
- → Expression des besoins
  - ◆ Besoin fonctionnels
  - ◆ Besoin non fonctionnels
- → Contraintes
  - ◆ Coûts
  - ◆ Délais
  - ◆ Autres contraintes
- → Déroulement du projet
  - ◆ Planification
  - ◆ Assurance qualité
  - ◆ Documentation
  - ◆ Responsabilité (MOE, MOA)

Améliorer la solution

Une fois que la conception du produit est réalisée, et que votre muse est dans sa vie réelle, confrontée au utilisateurs, il est toujours possible d'améliorer le produit.

Pourquoi améliorer un produit déjà en production ?

Éthiquement, c'est une question que l'on est en droit de se poser. Seulement, il y a plus d'une raison d'améliorer un produit après que celui-ci soit mis en production. Ces améliorations proviennent du 'feedback' du public : Cela peut être des demandes massives, ou des critiques constructives qui reviennent régulièrement. Mais cela peut aussi être les idées internes de l'entrepreneur ou d'un des membres de son équipe.

Enfin, des concurrents peuvent survenir, et il faudra alors vous aligner, ou faire mieux. Et tout cela sans plagiat bien évidemment.

Nous savons qui est à l'origine de la modification d'un produit, ou d'une offre de service. Mais quelles sont les raisons concrètes de l'amélioration ? Voici 5 arguments principaux :

1. Augmenter la satisfaction

Améliorer un produit en ajoutant, ou en retirant des fonctionnalités, en supprimant des bugs, ou encore avec l'amélioration de la performance et la rapidité, un produit peut avoir un taux de satisfaction bien supérieur, et engranger plus de ventes.

2. Augmenter la qualité

Avec un audit de qualité, l'entrepreneur peut améliorer la fiabilité et/ou la compatibilité de son produit par rapport à son marché. La qualité joue énormément dans la balance du public !

3. Augmenter la fidélité

Des nouveaux contenus réguliers et des nouveaux services sont la garantie d'une audience et des clients fidèles.

4. Augmenter le prix d'achat

Augmenter la qualité, la fidélité, la satisfaction, la sécurité, cela a un coût, mais le produit sera de meilleure facture et pourra être vendu plus cher, sans que les clients trouvent cela trop onéreux.

5. Diminuer les marges

Un service ou un produit peut être amélioré uniquement pour l'entreprise, dans l'objectif de diminuer les marges, et accélérer la rentabilité.

Voila comment concevoir de beaux produits, qui répondent réellement à un besoin, et qui sont agréables pour les utilisateurs.
Mais après toutes ces étapes d'étude, de prototypage, de calculs et de conception technique, ce n'est pas encore fini !
En effet, le produit n'est rien s'il manque de visibilité, et s'il n'est pas vendu. Un produit est fait pour que des utilisateurs s'en servent.

Beaucoup trop d'entrepreneurs passent du temps à concevoir un produit, et à analyser son marché cible potentiel. Ils passent également du temps à obtenir un produit parfait, un produit dont ils sont fiers. Seulement voilà, ces individus ne passent jamais à l'étape de la vente.

Des théories disent que les entrepreneurs créent, et qu'ils n'aiment pas vendre, mais cela n'est pas prouvé.
Il faut se rendre à l'évidence, la capacité a vendre un projet est essentiel pour pérenniser une activité.

Si le produit n'est pas vendu, la conception devient inutile, et le temps en ressource humaine également. Si vous voulez continuer à croître, et à faire cette activité entrepreneuriale dont vous rêvez tant, vous devez apprendre impérativement à vendre !

Vendre le produit

La capacité à vendre est vitale, la mauvaise nouvelle, c'est que la vente est un domaine vaste, et apprendre la vente est un métier à part entière.
Il faut donc étudier tous les aspects de la vente, sans plonger dedans totalement (eh oui, il faut aussi innover, créer, étudier le marché, parler à ses clients,..).

Mais comment faire pour vendre un produit ?

La première chose à faire est de déterminer un prix pour le bien que vous mettez à disposition sur le marché. Ce prix sera calculé en fonction des coûts, des marges, et également en fonction de la valeur que vous apportez !

Le prix
Les coûts représentent ce qui est nécessaire à la création d'un produit, cela comprend les ressources matérielles et immatérielles, c'est-à- dire la matière première, le coût des logiciels, du matériel de fabrication, de l'électricité, de la main d'œuvre, et les frais annexes.

Les marges représentent la différence entre le coût de production et le tarif pour le client.

La TVA (Taxe de Valeur Ajoutée) doit être anticipé ici, cette taxe de 20% en moyenne, n'est pas négligeable, et influe sur le prix final pour le client. Il faut également faire de la marge pour le bénéfice de l'entreprise.

Si vous êtes adepte des formules mathématiques, vous pouvez fixer un prix avec une formule, comme il sera démontrer dans les prochaines lignes.

La valeur ajoutée peut être noté entre 1 et 10, en fonction de la valeur perçue par le client. Si vous vendez un livre de fiction, il a potentiellement moins de valeur qu'un livre d'apprentissage de l'anglais.

- Un livre de science-fiction : 2/10 en note de valeur ajoutée.
- Un livre d'anglais : 6.5/10 en note de valeur ajoutée.
- Une raquette de tennis: 5/10 en note de valeur ajoutée.
- Une raquette connectée haut de gamme: 9/10 en note de valeur ajoutée.

Ces notes attribuées arbitrairement, par le jugement des membres d'une équipe, ou des clients, vont permettre d'ajuster un prix, en fonction de ce qu'il apporte réellement en valeur perçue.

Un coefficient multiplicateur appelé "ratio valeur" est calculé ainsi:
6.5 de note de valeur => (6.5/10) +1 = 1.65
2 de note de valeur => (2/10) +1 = 1.2

Enfin, le prix final de votre produit sera déterminé avec cette formule :

Coût + (marge * ratio valeur) = prix

Les arguments de ventes

Une fois que le prix est fixé, assembler les arguments en faveur du produit sera très utile dans le processus de vente. Il s'agit là de lister les avantages d'utilisation ou de détention du produit. Il faudra créer une liste pondérée, avec une priorisation pour chaque élément.
Les éléments qui obtiennent le plus de poids, seront vos arguments de vente principaux.

Les premiers retours utilisateurs pourront en dire davantage à ce sujet, cette liste à une vocation évolutive.

Ensuite, il faut préparer des contre-arguments, face au désavantage du produit. Pour chaque inconvénient, ou mauvaise utilisation du produit, vous devez fournir un justificatif cohérent.
Ce sont de longs travaux qui demandent de la reconnaissance et de la cohérence.

Les contre-arguments sont utiles dans le cas où vous voulez désameconner les peurs d'un public sur des pages de vente. Ils servent également dans le cas d'un échange vocal avec des prospect, avec ces contre-arguments, vous serez en mesure d'effacer les peurs à propos du produit les plus communes.

La vitrine du projet et le pitch
L'étape suivante est la construction de la vitrine pour le service ou produit. Si votre projet est entièrement en ligne, un site web ou une landing page sont presque obligatoires. Si votre produit n'a pas de dimension "online", alors vous pouvez concevoir un site web, mais votre véritable vitrine devrait être des cartes de visites, des flyers, ou encore votre propre personne (vous représentez votre activité, avec vos connaissances, votre prestance et votre discours).

Pour représenter une entreprise avec sa personne (le terme personnal branding est connu pour cela). Vous devez associer votre entreprise et votre personnalité, ces deux entités doivent être cohérente, à travers les mots que vous employez, mais aussi avec la charte graphique, la manière de procéder, l'idéologie,...)

Le pitch est essentiel pour ce genre de cas. Ce "pitch" est un discours annonciateur de votre activité, il doit être minutieusement préparé, et il doit donner envie à votre interlocuteur d'aller plus loin. La personne cible doit aussi comprendre votre activité et votre pensée, et tous cela en peu de temps. Un bon pitch dure environ trente secondes.

Voici les points clés à savoir pour maîtriser l'art du pitch.
- ❖ Les 5 premières secondes sont vitales.
- ❖ Le langage corporel doit inspirer confiance.
- ❖ La diction doit être clair

Le pitch commence par une présentation de soi, très rapide, puis d'une description alléchante de l'activité.

Exemple : " Je m'appelle <prénom>, j'ai 25 ans et je souhaite aider les sportifs amateurs à augmenter leurs performances, à l'aide d'objets connectés. J'ai créé la structure <ma structure> pour réaliser cet objectif.

Vous pouvez ensuite parler de vos projets les plus fous, des objectifs de l'entreprise, de ce que pensent vos clients, et de beaucoup d'autres choses.

Le pitch doit finir par un appel à l'action, vous pouvez donner une carte de visite pour donner envie à l'interlocuteur de vous joindre, cela fonctionne aussi avec un mail ou un numéro de téléphone.

Si la personnalité en face de vous est importante et influente, soyez bref, et remerciez le d'avoir passé du temps avec vous !

La vitrine d'un projet peut également passer par une communauté qui vous soutient, des projets à succès que vous avez réalisés, ou encore des partenariats.

Acquisition de prospect

Avec ces dernières lignes, vous avez assemblé des arguments, un point d'arrivée pour informer et éventuellement préparer à la vente, ainsi qu'un discours adapté.

La prochaine étape est l'acquisition de prospect. Vous devez confronter votre projet à un public, et cela le plus tôt possible.

Pour acquérir des prospects, les entrepreneurs ont plus d'une arme à disposition.. Cela peut être la publicité, les réseaux sociaux, les témoignages clients, des vitrines de projets, des expositions sur des plateformes spécialisés,...

L'acquisition client est intimement liée au marketing. Si le projet entrepreneurial est un projet matériel, alors il faudra procéder à un marketing classique. Si le projet a vocation d'être numérique, ou si vos prospects se trouvent sur internet, alors vous avez besoin d'un marketing digital.

Le marketing, c'est la discipline d'analyse de l'influence et des besoins de consommation, et la proposition d'offre commerciale dans l'objectif de développer les ventes et les revenus d'une entité. Pour être plus simple, c'est la capacité à analyser le besoin, puis à décrire une offre adaptée, c'est trouver les mots qui déclenche des ventes, c'est trouver des techniques pour que le produit et sa fiche de vente soit visible par les consommateurs.

Le marketing est une affaire de communication entre une entreprise ou un vendeur, jusqu'à des prospect qui doivent devenir des clients, et si possible, des clients fidèles.
Le marketing, c'est aussi la communication autour d'un produit déjà établi et vendu. Cette communication servira à maintenir un engagement sur le produit, et à fidéliser l'audience.

Vous pouvez parler à votre audience dans des publicités et/ou via des réseaux sociaux bien choisis qui sont en rapport avec votre activité. Si votre public sont des personnes âgées, rien ne sert de communiquer sur le réseau snapchat par exemple.
Il faut se placer là où l'audience est réellement, puis communiquer des contenus en rapport avec le produit.

Vous pouvez vendre un produit directement dans une communication, mais vous pouvez également fournir des contenus gratuits et des aides, dans l'objectif d'acquérir des emails, ou des abonnements sur le long terme... En terme de marketing, il y a toujours de nouvelles tendances, et il faut se renouveler sans cesse pour faire face à la concurrence. Cependant certaines techniques fonctionnent depuis très longtemps..

Renforcer la satisfaction client, et répondre aux besoins après les ventes, c'est aussi du marketing puisque c'est une opération de fidélisation !

Voici quelques outils à disposition des entrepreneurs qui font leur marketing.

Publicité
La publicité vise à acheter du trafic. Si vous êtes inconnu et que vous ne disposez pas d'audience comme sur un blog, sur you tube ou encore avec un groupe facebook, vous ne pouvez pas sortir du trafic de n'importe où, le trafic a une valeur, et il faut l'acheter si vous ne disposez pas d'une communauté.
Plusieurs plateformes publicitaires sont disponibles ! Facebook ads est largement utilisé, mais vous pouvez vous spécialisez dans les publicités amazon, instagram, google, et bien d'autres..
Les entrepreneurs apprennent à manipuler un logiciel publicitaire pour une plateforme, puis il s'y tient, c'est une bonne pratique puisque la publicité est un monde complexe. Si vous n'avez aucune idée des paramétrages disponibles pour faire des publicités, il sera préférable de choisir une plateforme, et de la conserver. Ainsi, vous gagnerez en expériences après quelques pubs sur la plateforme choisie.
Selon les niches, le coût par clic peut varier. C'est la somme que vous êtes prêt à dépenser pour obtenir un clic. Et certaines niches sont très chères : Voilà pourquoi il est aussi important de se nicher.

Par exemple, si votre page vitrine à une conversion de 4%. Alors pour obtenir 4 abonnements, il faudra dépenser "100 * CPC."

Si le CPC (coût par clic) est de 0.20€, alors pour 4 abonnement à votre produit, il faudra dépenser 100*0.20 = 20€.

Le calcul est plutôt simpliste. Mais vous apprendrez que les paramétrages sont complexes et que cela est un métier à part entière. Alors il est bon de maîtriser son agence publicitaire, mais ce n'est pas un nouveau métier ! Si vous voulez optimiser votre rentabilité, faites appel à un professionnel !

Pour les petits budgets, l'achat de petit recoin est conseillé. Lorsque vous réalisez une pub, vous louez en réalité un petit espace sur un site ou il y a du trafic. Et lorsque le budget est bas, il est tout à fait possible de louer un encart publicitaire dans le pied de page d'un site.

Il y a d'autres manières de faire de la publicité ! Vous pouvez échanger avec des partenaires pour qu'il fasse votre promotion en échange d'une autre valeur, ou en lui attribuant une commission, ce que l'on appelle de l'affiliation.
Les médias TV et la radio sont aussi de bons moyens de se faire connaître. Les radios régionales sont peu onéreuses, et vous pouvez même obtenir des reportages gratuitement si votre activité intéresse vos interlocuteurs. Dans ce cas, il faut réaliser son pitch devant un micro ou une caméra.

Tunnel de vente

Les tunnels de vente sont inconnus du grand public, et c'est pourtant le nerf de la guerre dans le marketing. Les tunnels de ventes représentent le cheminement utilisateur, depuis sa venue sur le système d'acquisition, jusqu'à la vente finale, et les ventes supplémentaires (up-sell).

Le tunnel de vente n'est pas qu'un seul outil, mais c'est la vision du parcours client, les étapes clés par lesquelles il passe. Toutes ces étapes doivent être connues et maîtrisées par le marketeur.

En tant qu'entrepreneur, vous devez avoir une bonne vision de ce cheminement de pensée. Il faudra réaliser votre tunnel de vente, afin de convertir les prospect jusqu'à l'achat.

Les entrepreneurs aiment le schéma de l'entonnoir pour visualiser les tunnels de vente.

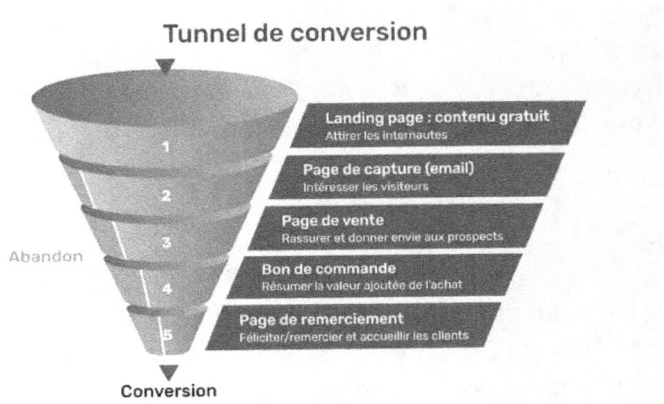

Ce tunnel de vente a pour point de départ, le contenu gratuit. C'est le point d'arrivée du prospect, qui est attiré par des informations. Ensuite le prospect est régulièrement redirigé vers des pages de captures d'email, que l'on appelle un "opt-in". Dans ces emails, il y aura du contenu premium, et une incitation à l'achat d'un produit ou d'un service quelconque. Cela redirigera vers la page de vente. La page de vente est un point très important, c'est sur cette page qu'il faut améliorer le taux de conversion, les couleurs, le texte….

Juste avant l'achat du client, il y a le bon de commande qui résume la valeur ajoutée de l'achat, et il peut y avoir des propositions commerciales supplémentaires, des options.
Après l'achat du client, c'est l'étape de la redirection, ici c'est représenté par une page de remerciement.

C'est crucial de visualiser ces différentes étapes, et de les personnaliser pour sa propre activité. Il existe plusieurs schéma de tunnel de vente, et des logiciels spécialisés peuvent faire le travail, mais ici attention, il faut opter pour la personnalisation !

Emailing

L'emailing est la publicité et l'information via la diffusion d'email en masse. Ce sont les spams que vous recevez tous les jours dans votre boite mail, mais c'est aussi bien plus que des spams si l'on sait bien s'en servir.

Depuis longtemps, la publicité via les brochures existe et sont rentable. L'entreprise de la poste envoie des brochures dans les boîtes aux lettres, cela est excessif pour beaucoup d'individus, mais ce genre de publicité est très rentable, c'est pourquoi cette voie de diffusion existe encore. Dans l'email, le principe est le même, la masse fait que des individus achètent les produits.

Les emails ne sont pas appréciés par la plupart, il faut trouver de nouvelles techniques pour obtenir un taux d'ouverture, et une rentabilité, alors comment avoir de la lisibilité et des ventes sur les emails ?

La première chose à faire est de trier sa liste email, et de laisser entrer uniquement les prospectus les plus qualifiés, ceux qui ont envie de vous suivre par exemple, ou encore du trafic qui est intéressé par votre thématique, votre problème ou votre angle d'attaque !

La seconde chose à faire est d'avoir une charte de contenu. L'utilisateur doit s'inscrire sur la liste de diffusion de son plein gré, et il attend un cadeau en échange, ou alors du contenu premium ! C'est pour cela qu'il faut établir un plan pour le contenu, et il faut diffuser de l'information exclusive, régulièrement.

Les informations premium ajoutent de la valeur perçue à votre produit, marque ou service. Et le lecteur aura une confiance accrue en vous si vous donnez de bons contenus ! Il aura plus de chance d'effectuer des achats par la suite.

Il existe tout un tas d'outils pour faire de l'emailing. SendinBlue, GetResponse ou Mailchimp sont des logiciels qui offrent la possibilité d'envoyer des emails massivement, dans de bonnes conditions !
Ces bonnes conditions incluent des serveurs emails spécialisée, pour ne pas apparaître dans les spams liste, mais il y a également des système d'automatisation, des envois en HTML, des options pour trier et ajouter des contacts, des plugins à intégrer directement sur wordpress, et bien plus encore…
Certains de ces logiciels sont payants, mais ils deviennent indispensables lorsque vous devez gérer une grande liste de contacts ! Croyez bien que ce genre de coût peut être très vite amortie avec les ventes que vous ferez via l'email.

Pour bien vendre avec les emails, des entrepreneurs élaborent des suites d'email. Ce sont 6 ou 7 emails qui sont déjà prévus et programmés, à utiliser dès que l'utilisateur s'inscrit à la liste de diffusion !

Au rythme d'un mail chaque jour pendant les 7 premiers jours, vous pouvez vendre votre produit pas à pas.. Décrire le besoin le premier jour, puis décrire une partie de la résolution d'un problème, comment la plupart des gens s'y prennent.. Il faudra arriver jusqu'à votre solution qui sera payante à la fin de votre suite d'emails.
Les jours suivants, et pour le reste du temps, il faudra envoyer quelques mails ponctuels, sans faire de spam.

Les entrepreneurs plus aguerris utilisent des algorithmes pour augmenter le taux d'ouverture des mails. Les logiciels en ligne cités précédemment peuvent envoyer des mails sous des conditions bien précises. A partir de là, vous pouvez décider d'envoyer tél mail, uniquement si celui d'avant a été lu, ou si une personne a cliqué sur un lien spécifique par exemple.

Copywriting

Le copywriting est l'art d'écrire des pages de ventes (landing page). Effectivement, l'argumentaire de vente est très important, et choisir les bons mots, le ton approprié, ou encore la manière de s'adresser à ses prospect, sont des compétences précises et incroyablement rentables !

Les landing pages doivent être pensées avec grande précision. Par exemple, Google a testé une centaine de nuances de bleu sur les landing page, au cours de son histoire, avant d'arriver à un bleu qui a fait augmenter la conversion des visiteurs.
C'est ainsi que les couleurs, les formes, les ressources visuelles, la police doivent être appropriées, et tester.

Le processus de test le plus commun est "A/B testing". Il consiste à envoyer une modification mineure à 50% du trafic d'un site, ou à des prospect (carte de visite,..) , puis regarder si la modification a eu un impact plus fort que le trafic dit "normal". Il suffira ensuite d'iterer les modifications avec des impacts plus forts. Cela est valable pour les polices, les couleurs, le texte,..et tous les autres éléments qui interagissent dans le processus de vente.

Tout doit être pensé, mais le texte pèse lourd dans la balance de la vente. Ce texte doit être en parfaite adéquation avec l'ambition du lecteur, il doit promouvoir le produit, dire la vérité, et créer un engagement, un appel à l'action. Cet appel à l'action peut être un clic sur un bouton, un achat, une donation, une inscription à une mailing liste, la donation d'information personnelle, et bien d'autres..

Vous savez maintenant qu'il faut penser les visuels de vente, et surtout l'écriture avec grande précision, vous savez aussi que l'objectif de votre texte sera un appel à l'action : Vous pouvez commencer à écrire vos landing pages..

Mais comment écrire des pages de vente ?

Le copywriting est aussi un métier à part entière, c'est une discipline qu'il faut apprendre et suivre de façon constante : Les tendances changent, les pratiques changent également !

Pour écrire une bonne landing page, il faut donner envie, et il faut donc écrire avec envie et imagination.

Vous pouvez commencer par créer un persona. La création du persona permet de se mettre dans la peau du client, afin de décrire les besoins en première partie de la landing page.
Les personas peuvent servir pour parler des envies du prospect, de ses objectifs, de sa vision du monde.

Remarquons que les personas sont de grands outils du commerce, vous pouvez utiliser des personas pour cibler un marché de niche, à l'étape de la conception du produit.

Ensuite, vous devez lister les avantages de votre produit, comme vous l'avez fait plus haut dans ce livre. Vous devez écrire tous les arguments, de façon développée et concrète. N'hésitez pas à inclure des images et des schémas.

Les arguments représentent les textes les plus longs, vous devez parler à votre cible, et lui décrire pourquoi il serait heureux en achetant votre produit, et pourquoi il devrait l'acheter.

Pour finir, il y a d'autres inclusions à faire dans votre landing page :

- ❖ une conclusion attrayante qui donne envie d'aller plus loin
- ❖ Des preuves sociales avec des témoignages clients
- ❖ un titre court et précis
- ❖ Des métriques sur votre produit si elles sont avantageuses

La bonne pratique est également d'introduire ces éléments annexe sur vos landing pages :

- ❖ Un outil d'analyse comme google analytics pour analyser la performance de votre landing page
- ❖ Un outil d'A/B testing
- ❖ Des sondages

Le chapitre précédent vous a démontré à quel point le côté commercial chez l'entrepreneur est important. Celui-ci doit savoir vendre, parler sans tabou, et il doit également maîtriser un ensemble d'outils pour l'aider à améliorer ses ventes.

Bien évidemment, un entrepreneur peut aussi s'inscrire sur les plateformes comme Fiverr pour obtenir des clients, il ne faut pas oublier la voie directe des plateformes-marché qui mettent en relation des entrepreneurs indépendants et des acheteurs. En revanche, ces plateformes fonctionnent pour les services, mais plus rarement pour les produits.

Tout dépend de quel genre d'entrepreneurs vous êtes ! Il y a différents modèles d'entrepreneurs, et ils ne sont pas tous d'accord ! Certains entreprennent des projets uniquement sur la toile, tandis que d'autres aiment les produits physiques innovants.. Regardons plus précisément ces différents modèles.

Les différentes manière d'entreprendre

Certains rêvent de liberté géographique tandis que d'autres préfèrent innover, ou encore faire croître une activité rentable et déjà existante.
Selon vos objectifs, et surtout selon votre personnalité, vous n'avez pas le même profil entrepreneurial que d'autres. Comprendre votre profil d'entrepreneur est important, cela précisera vos actions et vos objectifs.

A chaque style, des compétences spécifiques sont requises, et la spécialisation est parfois la clé de la réussite. vous ne pouvez pas être expert de tous les milieux, mais vous pouvez devenir un expert de votre produit innovant. Vous pouvez connaître le marketing digital, et créer des produits immatériels uniquement.
Cela n'a pas d'importance, il faut entreprendre d'une façon cohérente avec votre profil, c'est la votre zone de génie, c'est comme cela que vous garderez une motivation à toute épreuve.

Il faut se restreindre a un style d'entreprenariat pour être vraiment bon, mais rien n'interdit de s'intéresser à d'autres styles.. Vous pourrez y trouver des conseils, des pratiques intéressantes, sans vous égarer.

Startup

La première forme d'entreprenariat est la startup. C'est le format qui met en avant l'innovation ! La startup peut être définie par une jeune entreprise en démarrage qui a un projet dominant et innovant. Une startup est créée régulièrement après un concours (startup week-end, hackathon,..), ou encore après le prototypage d'un produit, ou d'une idée déjà bien élaborée.

La startup est définie comme telle, et sa définition suppose qu'un entrepreneur doit avoir une bonne idée ou un projet dès le début de l'activité. Ici il n'est pas question de faire des projets pour des clients de façon indépendante ! Les projets appartiennent à l'entreprise, et l'entreprise garde son projet dominant, ainsi que des petits projets annexes, dans l'espoir de grossir.
La clé de la startup est la croissance, une startup doit grossir avec son projet et son innovation. Elle doit porter un discours dans un angle différent, afin d'attirer des investisseurs et des clients, et de les emporter dans l'espoir de l'innovation.

La finance est une partie importante de la gestion en startup. Ce type d'entreprise démarre régulièrement avec un petit capital, c'est pour cela que le projet dominant doit vite acquérir des investisseurs. Ce sont les entrepreneurs qui investissent leurs argent personnel dans 80% des cas.
La plupart des startup ne dépasse pas le stade des startup, en effet, l'entreprise est une startup à son démarrage, elle doit ensuite grossir pour devenir une entreprise plus

commune. C'est le passage compliqué, et c'est souvent a ce stade que beaucoup d'entrepreneurs échouent.

Pour ne pas échouer, il faut mener à bien son projet, mais il faut aussi bien communiquer avec son public. Il est primordial de respecter les budgets, et de réduire les coûts la ou cela est possible. Enfin, la startup doit pouvoir être en mesure de gérer sa croissance, c'est-à- dire la gestion d'un public plus grand, le recrutement de personnel, et bien d'autres choses encore..

Avec tous ces éléments, maîtrisé simultanément, la startup passe au stade supérieur.

Après 3 années d'activité rentable, on estime qu'une startup a réussi son développement.

L'entrepreneur type d'une startup est un entrepreneur curieux, résistant au stress, persévérant, compréhensif et imaginatif. Ce sont les personnes qui ont envie de changer le monde, ou un secteur défini, ils veulent apporter de nouvelles visions des choses.

Les salariés des start up sont des individus qui veulent travailler dans des petites structures pour être polyvalent, et avoir du poids dans la discussion. Ces candidats aux startups veulent de la responsabilité et de la diversité, et une startup offre cela.

Les CEO des startups recherche ce type de personne. Les startups sont des mondes à part, ouvert et créatif, les échanges en ressources humaines se passent généralement très bien.

Les startups ont des projets bien à part aussi, et ils sont très divers. Voici une liste de projet représentatif du genre startup :

- ❖ Créer un logiciel qui rend un service
- ❖ Automatiser un secteur comme le secteur agricole
- ❖ Créer un capteur pour améliorer la performance d'un moteur
- ❖ Créer un jeux vidéo
- ❖ Démocratiser un système de paiement
- ❖ Créer un composant électronique en diminuant les coûts
- ❖ Créer de l'encre biodégradable pour les imprimantes
- ❖ Créer une flotte de skateboard public connecté

Les statistiques sur les startups sont importantes, elle démontre la difficulté pour une startup à subsister dans l'écosystème. Elles démontrent également qu'une startup peut croître à une vitesse incroyable.
Voici quelques statistiques générales concernant les startups.

- → ⅓ des startups sont en il de france
- → 16% des personnes actives ne veulent surtout pas travailler en startup
- → 52% des personnes actives sont prêtes à travailler en startup.
- → 87.6% des créateurs de startup sont des hommes.

- → un peu moins de 3 milliards d'euros sont levés par les startups chaque année.
- → les startups représente 10% de la création d'emploi
- → Le taux de faillite est de 40% pour une startup non incubé
- → Le taux de faillite est de 20% pour une startup accompagnée

Pour réussir sa startup : il faut porter le projet et le discours a tous les étages. vous motiverez ainsi les investisseurs, les clients et les collègues à travailler avec vous. Une équipe motivée peut faire l'impossible.

Réussir sa startup, c'est aussi savoir se protéger financièrement, parce que 40% des startups échouent : vous avez besoin de sécurité.

Se diriger vers un incubateur/accélérateur de startup est une bonne idée pour accroître les chances de réussite.

Le projet doit être vu dans sa globalité, avec un cahier des charges, des sondages, des beta-testeurs et tous les aspects techniques et commerciaux.

La santé du marché est un élément à prendre en compte également.

Gardez en tête que l'entreprenariat est un métier, et qu'il faudra apprendre sans cesse des autres, et qu'il faut apprendre de ses erreurs, afin de s'améliorer soi-même, ainsi que la solution et le projet.

Infopreneur et web entrepreneurs

La deuxième classe d'entrepreneur sont les entrepreneurs "internet". Ils cherchent à obtenir des revenus issus d'activités en ligne uniquement.
Faire une activité que l'on aime, et en tirer des revenus en ligne, est un idéal que veulent ce genre d'entrepreneurs. Il y a beaucoup d'activités à faire sur internet, selon les profils et les goûts.

Cela se traduit pour beaucoup par la création d'une communauté à travers un blog, une chaine youtube ou un autre réseau social. Cette communauté est ensuite monétisée via de la publicité, du sponsoring, des partenariats, ou des offres payantes comme du contenu premium ou des formations.

C'est d'ailleurs comme cela que beaucoup de personnes sont attirés dans le monde entrepreneurial, ils commencent par créer du contenu libre, a titre informatif. Ils se rendent compte ensuite qu'un trafic vient là où se trouve le contenu. l'entrepreneur décide alors de s'investir massivement dans ce qu'il a créé. Le contenu devient premium, et le temps passé doit être rentabilisé. C'est là qu'interviennent la publicité, l'affiliation et le sponsoring. Si l'entrepreneur veut aller plus loin : il propose des formations ou du coaching sur sa thématique.

Cela peut également prendre la forme de création de produits numériques. Ceux qui créent uniquement des produits numériques sont appelés infopreneurs. Et leurs produits ressemblent à des livres numériques, à des infographies, design, traduction, template de site internet, présentation de conférence,...

Pour présenter des créations, les infopreneurs utilisent des plateformes qui font office de place de marché. Certains marchés connus comme "Envato", "ThemeMonster", "Wordpress market", ou encore "5euros.com" permettent de vendre des contenus. Les plateformes prennent évidemment des commissions, mais les entrepreneurs bénéficient du trafic déjà présent.
Ces plateformes sont très importantes pour obtenir une lisibilité et faire des ventes, mais elles rendent les web entrepreneurs dépendant.
Chaque plateforme a le droit de demander aux auteurs, un droit d'exclusivité. Il y a en plus des contraintes techniques et artistiques pour la création de produits dans chaque place de marché. Ces contraintes techniques sont plus ou moins permissives, ce qui rend le travail parfois plus complexe. Mais si vos créations ne plaisent pas aux plateformes, vos produits ne pourront pas être exposés, et vous pouvez vous faire bannir dans certains cas. C'est pour cela qu'il ne faut pas cultiver de dépendance dans l'entreprenariat. Il faut essayer de minimiser la dépendance, ou d'avoir des plan B

Pour réussir dans l'infoprenariat, il faut analyser le besoin. Pour cela vous pouvez vous rendre sur des plateformes qui échangent les produits que vous envisagez de concevoir.

Analyser les meilleures ventes, les produits les mieu noter, les critiques constructives, les auteurs qui ont réussi.. sont autant de techniques qui vous donnent des informations sur le besoin des utilisateurs finaux.
Vous pouvez ensuite vous former sur le besoin que vous avez ciblé, cela peut être un style (flat design, material design,..) mais aussi des technologies comme le CSS, HTML, le logiciel photoshop,...). Il faut aussi s'informer sur les contraintes techniques, et s'assurer de pouvoir effectuer un produit valable et qualitatif.
La dernière partie consiste à concevoir des produits pour une place de marché, de façon qualitative et innovante.
Les meilleurs infopreneurs n'hésitent pas à automatiser le travail. Des patrons de conceptions sont utilisés, ainsi que des templates et différents patterns.

Pour être et devenir un web entrepreneur, il faut avoir de réelles convictions, et porter le projet entrepreneurial jusqu'au bout. En effet, internet est un monde vaste et grandissant. Des opportunités voient le jour chaque année, il faut donc choisir une activité, et s'y tenir.
Les personnes qui essaient chaque 'nouveaux business' ne réussissent pas, cela s'appelle le syndrome de l'objet brillant.

Chaque activité nécessite des compétences, des habitudes et des automatisations bien spécifiques. S'éparpiller n'aide pas à apprendre. Bien au contraire, il faut se spécialiser et devenir maître de son activité. Cela prend du temps, et de l'argent. Il ne faut pas se tromper, il faut apprendre constamment, et produire de la qualité, en quantité. C'est une affaire de mentalité et de compétence.

Artisanat

L'artisanat est régulièrement mis de côté dans les discussions, les émissions et les interviews. L'artisanat est la création "fait-main" de divers objets. Il peut s'agir d'objets créatifs en bois, ou encore des tableaux ou des vases faits en poterie.

La première compétence à avoir pour ce type d'entreprenariat est le savoir-faire. La connaissance et la maîtrise technique de son activité est essentiel pour sortir du lot et vendre des créations.

Les artisans maîtrisent leurs art, c'est un fait. En revanche, ils ne maîtrisent pas toujours le côté commercial et/ou marketing de la chose. C'est plutôt logique puisque l'artisanat demande beaucoup de temps, et une formation spécifique.

Ces artisans sont passionnés, ils réalisent avec soins leurs œuvres, pour vendre des créations, un entrepreneur a deux choix, il peut créer une boutique physique, ou s'implanter sur le web. Ces deux choix ont des avantages et des inconvénients. L'idéal étant d'avoir une omniprésence à ce sujet, même si beaucoup débutent en ligne uniquement.

Les artisans les plus expérimentés savent vendre leurs produits, à l'aide d'une bonne communauté, du bouche à oreille, mais aussi grâce aux cartes de visite et à des communautés en ligne. Notons que les réseaux sociaux tel qu'instagram fonctionnent particulièrement bien pour promouvoir un ou plusieurs produits.

La franchise

La franchise est le dernier cas d'entrepreneuriat que nous allons étudier. Il s'agit ici d'acheter une partie du business d'une autre personne.
Vous implémentez une boutique physique, ou une place de marché en ligne, qui porte le nom de la franchise. Vous bénéficiez alors de la confiance de la marque, de la publicité, et du branding (marketing de nom de marque) de celle-ci. En échange, les entreprises franchisées doivent verser des redevances à la marque.

Ce système permet de démarrer vite et bien un projet entrepreneurial, mais il coûte parfois cher pour un débutant dans le business. De plus, le business que vous créez est réellement à vous, mais il possède des dépendances liées à la marque. Cela donne parfois des contraintes et des règles.

En clair, la franchise est un excellent moyen de débuter, mais c'est parfois onéreux, en plus de limiter la liberté de créativité et d'innovation.

Les franchisés réalisent régulièrement de très bons chiffres, c'est une piste à explorer !

Réussir dans l'entreprenariat

Chaque style d'entreprenariat possède des avantages et des inconvénients, mais l'entreprenariat est un monde ouvert et créatif, où il ne faut pas se ranger dans des cases déjà présentes. La créativité offre à l'entrepreneur la possibilité de sortir du lot.
En parallèle, des business qui ont déjà fait leurs preuves fonctionnent à merveille, il suffit simplement d'ajouter une touche personnelle. Comprenez qu'il y a un juste milieu à obtenir. Cherchez surtout à trouver la place qui correspond à votre style.

Voici quelques outils qui amélioreront vos chances de succès dans l'entreprenariat :

➢ Management

Le management est indispensable. et le personnel ne peut plus être managé de la même façon qu'il y a 20 ans..Le bon management est un mélange entre le style directif (qui donne des ordres, qui n'est pas flexible) et le style agile, qui lui est bien plus flexible avec les ressources humaines.

Savoir motiver une équipe pour porter un projet encore plus loin est aussi un objectif de l'entrepreneur. Il doit savoir motiver ses troupes, ainsi que ses collaborateurs comme les clients, investisseurs, et sous-traitants..

➢ La passion

La motivation peut faire beaucoup de choses. Le travail acharné aussi. Mais il est impossible de tenir un projet sur le très long terme, si l'on est pas préoccupé et passionné par le projet. Le projet entrepreneurial se vit à fond, c'est pour cela que des entrepreneurs font 70 heures par semaine. C'est la passion qui les guide, et c'est une magie qui opère lorsque l'on aime son travail !
Confucius disait : "Choisissez un travail que vous aimez et vous n'aurez pas à travailler un seul jour de votre vie.

➢ Exécuter, agir

L'exécution est une arme formidable. Beaucoup d'entrepreneurs procrastinent à regarder des vidéos et à se former. La formation est toujours bénéfique, mais seulement si la pratique suit la théorie. C'est uniquement avec l'action que vous pourrez être dans le réalisme, et que vos idées théoriques pourront devenir concrètes.

➢ Bien s'entourer

Le dicton dit que nous sommes la moyenne des cinq personnes que nous côtoyons le plus ! c'est vrai et c'est pour cela qu'il faut bien s'entourer.
Une bonne équipe est une équipe polyvalente et motivée, avec des profils, des compétences, des visions et des

genres différents. Une bonne équipe est aussi une équipe qui communique, ou chacun connaît les zones de confort et les limites des autres.
Bien s'entourer, cela passe aussi par les mentors que vous choisissez, les investisseurs, les partenaires,...
Si vous n'êtes pas sûr de la collaboration qualitative d'un candidat, ou que vous n'avez pas confiance en lui, il ne vaut mieux pas l'intégrer à celle-ci. Dans le pire des cas, il faudra créer des clauses pour spécifier les droits et les devoirs des candidats (confidentialité, sécurité, part de l'entreprise,..).

➢ Le storytelling

Les entrepreneurs doivent intégrer du storytelling partout là où cela est possible. Le storytelling est l'art de raconter l'histoire d'une personne ou d'une entreprise, dans un but marketing.
Concrètement, Si vous êtes seul à entreprendre, alors racontez à vos investisseurs et vos clients pourquoi vous faites cela, comment vous avez démarré, avec quelles difficultés ? Racontez-leur comment vous avez surmonté vos problèmes.
Les interlocuteurs vont se lier à votre histoire, ils vont se sentir proche de l'entité que vous créer, ils vont vouloir s'engager et aider. Votre entreprise montera dans l'estime du public, avec plus de clic, plus d'engagement, plus d'émotions..

➢ La culture d'entreprise

La culture d'entreprise est une bonne clef pour réussir en entrepreneuriat. Les entrepreneurs créent des entreprises, et la culture d'entreprise permet de créer des liens, en plus de maximiser le potentiel des structures.

La culture d'entreprise, c'est tout ce qui compose l'identité de celle-ci. Avec ce savoir-faire, les entrepreneurs réussissent à créer un sentiment d'appartenance chez les membres, ainsi qu'une forte cohésion. Nous pouvons voir cela chez les grandes entreprises comme Google ou Facebook, mais ce n'est pas réservé uniquement aux grandes structures.

Pour améliorer la cohésion des équipes, et le bien-être en entreprise, il faut passer par un management flexible, mais cela peut être un espace de détente plus convivial par exemple.

Certaines entreprises, en particulier les startup, n'hésitent pas à créer des jeux d'équipe et des moments hors-travail. Ces moments appelés "team-building" améliorent le travail d'équipe, en plus de proposer des échanges et de la détente. C'est le côté ludique au service de la cohésion dans une équipe.

➢ Compréhension de la valeur des choses

Comprendre la valeur des choses est primordial pour savoir fixer les bons prix, sur les bons produits.

Par exemple : Vendre un paquet d'allumette de sûreté décoré, et en métal, n'apporte pas beaucoup de valeur, son utilité n'a pas augmenté, à savoir la capacité à allumer un feu.

En revanche, un site web peut créer une visibilité, amener des clients, automatiser certains processus, proposer un formulaire de contact, diffuser de l'information, vendre des produits…

Comprenez qu'il faut réellement apporter une valeur, c'est avec la compréhension de la valeur ajoutée que vous pourrez faire de bons choix, et fixer de bon tarifs.

Réussir dans l'entreprenariat : C'est réussir dans beaucoup de domaines. c'est également une petite part de chance diront certaines personnes. En réalité, la chance joue.. mais un entrepreneur doit forcer la chance, avec de la pratique et de l'expérience. 8 projets sur 10 sont des essais, 2 projets sur 10 sont des réussites.
Il faut améliorer, comprendre les erreurs, comprendre le public, concevoir un produit, et réitérer sans cesse jusqu'à trouver le feeling.
Pas besoin de réinventer des projets sans cesse ! Un même projet peut pivoter, c'est-à- dire changer de direction afin de trouver son marché. Le changement du business model, l'ajout de feature, parfois la suppression d'éléments sont autant de choses qui font pivoter un projet.

Quand un projet ne fonctionne vraiment pas, il faut passer à un autre projet, mais cela doit être fait uniquement après quelques pivot, pour s'assurer que le projet n'est vraiment pas valable. Obtenir des avis externes sur le projet est tout aussi important pour juger de la qualité d'un projet.

Pour réussir dans l'entreprenariat, vous devez juger le besoin, et répondre avec une solution. Souvent, ces solutions ne sont pas adaptées. C'est pourquoi les meilleurs entrepreneurs savent créer des prototypes rapidement. Ainsi, si le prototype ne plaît pas à son public, l'entrepreneur passe à l'idée suivante. Si le projet séduit, alors le prototype sera développé. C'est tout l'art du lean prototypage : Un projet doit être construit rapidement, dans les grandes lignes pour être testé à grande échelle. C'est uniquement comme cela que l'on vérifie si un projet a un vrai potentiel.

Le lean prototypage fait l'objet du chapitre suivant !

Le Lean prototypage

Le Lean prototypage correspond à la capacité de vite prototyper un produit. Pour tester un produit ou un service : un design, ainsi que des fonctionnalités et une offre doivent être vite émis auprès des clients, afin de véritablement confronter ce produit au marché.

Faut-il créer un produit parfait rapidement ? Absolument pas, des prototypes fonctionnent et doivent être testés, même avec une petite audience, dans l'objectif d'une diffusion plus large ensuite. Ces prototype ne sont pas parfait, mais ils fonctionnent, c'est l'art de créer des MVP

MVP signifie Minimum Viable Product, ou "produit minimum viable en bon français. Cela veut dire qu'il faut concevoir la partie principale du produit, la valeur réelle de la chose,

sans se soucier des détails, qui prennent parfois plus de temps.
Pour créer un bon MVP, il faut savoir quoi intégrer, et quoi ne pas intégrer. Ces fonctionnalités à intégrer doivent être en revanche parfaitement fonctionnelles. Le bêta-testeur doit sentir la valeur ajoutée du produit.

Les MVP doivent être des produits, qui offrent des fonctionnalités sans superflu, ils doivent rester viable en revanche, en toute circonstance, pour prouver la faisabilité du projet.

Pour que les MVP fonctionnent, les entrepreneurs doivent établir un périmètre des fonctionnalités à intégrer, puis donner un cahier des charges aux techniciens, designers, commerciaux et autres prestataires.

Le lean prototypage vient d'un mode de pensée qui a été réfléchi au début de l'avènement des startup, un s'agit d'un cycle de produit que l'on peut répéter, afin d'améliorer un produit ou un groupe de produit. Il s'agit du cycle d'apprentissage lean appliqué aux produits.
Ce cycle comprend 3 étapes :
- ➢ Construire
- ➢ Mesurer
- ➢ Apprendre

Construire le produit, c'est l'action même d'entreprendre, c'est l'action qui vous mènera à la réussite. Mais pour bien comprendre les enjeux des produits, et leurs impacts, il faut pouvoir les analyser et les mesurer. Ensuite, les entrepreneurs peuvent apprendre avec les mesures et analyses, puis recommencer à construire. C'est un cercle vertueux qui se présente alors ici.

Il y a plusieurs outils à disposition pour bien réaliser des prototypes de produits. Vous pouvez utiliser un petit budget, celui-ci est restrictif a première vue, mais le budget permet de se limiter dans la construction, afin d'obtenir un produit avec uniquement l'essentiel (en plus de réduire les coûts)
Un cahier des charges spéciale MVP peut être aussi utilisé afin d'éviter les débordements. Tout ceci parce que les responsables, les chefs de projets et les techniciens, aiment construire leurs produits, ils leurs apportent donc des choses parfois incroyables, mais parfois superflu.. Un cahier des charges MVP permet à l'ensemble des ressources humaines qui travaillent sur le projet, de savoir quand commencer, que faire, et surtout ou s'arrêter !

Enfin, la maquette est un outil formidable, surtout utilisé pour les créations physiques, la maquette peut être construite à moindre coûts, et peut démontrer l'intérêt d'un produit, dans le but d'obtenir des financements, des premiers avis, ou pour faire du marketing.

Je ne pouvais pas parler du prototypage lean sans parler du lean management. Au-delà du prototypage, le *lean* peut servir aussi à des objectifs d'organisation.

Le lean management est une méthode qui optimise l'organisation, la productivité et les performances des entreprises.
C'est Toyota et sa chaîne de production qui ont inspiré ce système. Le lean management consiste à mettre un ensemble de choses en place pour optimiser les processus.
Ainsi, si vous avez besoin de voir votre collègue situé à 30 secondes de vous, 10 fois par jour, alors vous perdez 5 minutes de déplacement par jour. Ce qui représente 2 heures et 5 minutes sur un mois. Et environ 25 heures par an. Le lean management consiste à rapprocher vos postes de travail pour diminuer le temps de trajet, et augmenter la productivité.
Le lean management, c'est l'automatisation des processus de façon générale.
Quelques exemples d'objectifs du Lean :
- Diminution des temps de déplacements
- Diminution des temps d'attentes
- Optimisation des trajectoires dans l'entreprise
- Optimiser les gestes de chaque salariés
- Utiliser des appareils pour renforcer la productivité (exosquelette, souris ergonomique,..)
- Optimiser la gestion de stock
- Optimiser la communication

La méthode Lean management, c'est se débarrasser de l'inutile, ranger l'espace de travail, et être plus rigoureux sur le gaspillage des ressources, quel qu'ils soit !

Pour bien faire, il faut d'abord analyser l'ensemble des processus de l'entreprise, puis définir des objectifs, ensuite, vous pourrez mettre des choses en pratique pour remplir votre mission !

La gestion

Être un entrepreneur, c'est aussi être un bon gestionnaire. En effet, l'entrepreneur doit gérer les informations et statuts fiscaux, mais aussi l'argent de l'entreprise, en plus de gérer son temps, et parfois le temps des autres…

Comment gérer l'organisation de son entreprise ? Nous allons étudier la question à travers la gestion du temps, ainsi que la gestion comptable et la gestion organisationnelle.

Optimiser son temps

Nous considérons que l'argent est une ressource qui sert d'outils, elle est aussi illimitée, l'argent peut être accumulé à l'infini, et il n'y a pas de plafond. En revanche, le temps est limité, personne ne dispose de temps infini, et sa gestion est donc primordiale.
Tout le monde a 24 heures dans la journée, et certains entrepreneurs font 10 fois le résultat des autres.. avec le même temps. Ce constat profond fait réfléchir et apporte une logique supplémentaire : Il y a la question de la gestion du temps, mais il y a aussi la question de la productivité.

Pour bien gérer son temps, il faut classer les taches par urgence et importance.
La matrice d'Eisenhower permet de visualiser le classement des tâches à effectuer !

La matrice d'Eisenhower

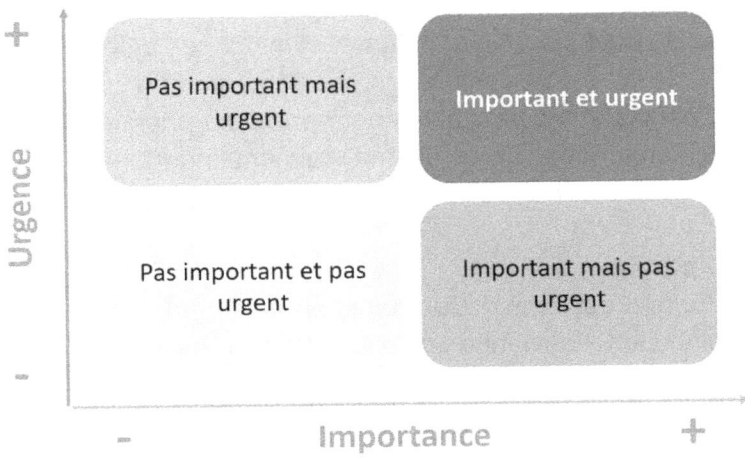

Une fois que l'ensemble des tâches à effectuer sont classées dans cette matrice, de façon très objective, il faut ensuite faire ces tâches, mais dans un ordre bien défini ! Regardez ici comment réaliser ces différentes tâches.

	urgent	pas urgent
Important	1 : À faire immédiatement	2 : À faire bientôt
Pas important	3 : Est-ce vraiment à faire ?	4 : Ne pas faire

Avec cette matrice, nous comprenons facilement que toute les taches ne sont pas utiles, traiter et éliminer ces taches de votre todo list est un premier moyen de gagner du temps. C'est comme cela que les entrepreneurs priorisent leur travail, en fonction de ce qui est vraiment important, et vous devez faire de même !

La loi de pareto
La loi de pareto est un incontournable en matière de productivité. Cette loi vient d'un italien Vilfredo Pareto. Après avoir étudié beaucoup de données fiscales de différents pays. Il découvre que dans beaucoup de

domaines, 80% des conséquences sont le produit de seulement 20% des causes.

C'est une loi empirique constatée dans beaucoup de domaines, comme la fiscalité, la qualité produit, l'éducation financière, la productivité, le contrôle de soi, et bien d'autres notions..
Aussi appelé "loi des 80/20". Cette loi permet de se concentrer uniquement sur les 20% des actions qui produisent réellement un résultat.

Par exemple, si je découvre que 80% de mes coûts de stockages proviennent de 20% des articles en stock, alors je peux maintenant jouer sur les 20% qui me coûtent le plus cher, et diminuer mes coûts de stockage.

C'est une loi simple, avec des actions faciles, mais il est parfois plus complexe de détecter ces disparités 80%/20%. C'est pour cela que la statistique peut aider grandement les entreprises. Avec des logiciels comme Excel ou Google Sheet, vous pouvez analyser les chiffres liés à l'entreprise et/ou à vos clients, et ainsi mettre les actions en place pour résoudre cela.

Tracker le temps pour effectuer les taches est un excellent support pour utiliser la loi de pareto à votre avantage.
Si vous analysez le temps passé à chacune de vos tâches, vous découvrirez peut-être que 80% du temps, vous vous concentrez sur des détails alors que vous êtes dans le

prototypage MVP. Ou que seulement 20% de vos actions apportent réellement de la valeur.

Cette loi est très utile, c'est une chose à prendre en compte lorsque l'on veut analyser les chiffres d'une entreprise pour palier aux problèmes existant ! Parfois, des chiffres annonceront des disparités de 70/30, ou 60/40, voire 90/10, ces chiffres ne seront jamais exact, mais c'est un bon support d'analyse.

Notez que cette loi n'en est pas vraiment une. Elle est appelée ainsi, mais ce n'est pas scientifique, et cela ne fonctionne pas dans tous les domaines. Toutes les affirmations précédentes partent d'un constat, qui fonctionne souvent, mais ce n'est pas immuable ni exact. Le terme de "principe" de pareto serait donc plus approprié.

Principe de parkinson
Le concept de parkinson est souvent maîtrisé par les managers et les chefs, c'est en partie à cause de cette loi que les deadlines existent dans une entreprise. Vous me direz que ce principe a une mauvaise influence.. Je ne pense pas.
Mais que dit ce principe de parkinson, mis en lumière par Cyril NorthCote Parkinson ?

Dans une interview issue des travaux de M.Parkinson, celui-ci a dit "Le travail s'étale de façon à occuper le temps disponible pour son achèvement".

Concrètement, cela veut dire que si vous vous donnez une heure pour envoyer dix mails, alors vous le ferez en une heure. Cela se base sur un biais cognitif, en une heure, vous avez le temps de soigner les détails, d'approfondir les choses, de débattre avec vos collègues sur les mots,...
A l'exact contraire, si vous avez cinq minutes pour envoyer dix emails, c'est plus difficile, mais votre cerveau va se fier à ce chiffre, et travailler en conséquence, Inconsciemment, vous allez être plus productif, même si l'entièreté de la tâche n'est pas effectué, il s'agit ici d'une pression interne qui pousse à la réussite, a cause de l'échéance pour finir une tâche.
Bien évidemment, il y a des choses impossibles à effectuer dans des laps de temps court, mais le principe de parkinson nous apprend que les échéances sont parfois bonnes, alors n'hésitez pas à programmer vos tâches, précisément, avec un objectif précis, et une échéance.

Pour finir et résumé cette section sur la gestion du temps, regardons comment gérer son temps, à l'aide d'une suite d'action.

1. Faire une Todo Liste
2. Analyser les priorités des taches
3. Annuler les taches inutiles (ni importante, ni urgente)
4. Classer les taches selon leurs impacts réels
5. Donner des objectifs précis, mesurables et réalisables aux taches
6. Donner des échéances aux tâches.

Gérer son argent

Le temps est plus précieux que l'argent, mais l'argent est nécessaire à la survie des hommes dans notre société moderne, et surtout à la survie des entreprises. Pour faire croître votre entreprise et votre activité, il faut savoir manipuler l'argent et, inévitablement, faire un peu de comptabilité !

Les bilans comptables sont les états du patrimoine d'entreprise a un instant T, ils recensent tous les actifs, le cashflow positif, ainsi que le cash flow négatif (les dépenses) de l'entreprise. Ce bilan comptable change chaque trimestre, et il faut travailler à son amélioration, c'est pour cela que c'est appelé bilan !

Chaque bilan doit être étudié et suivi de prise de décision.

La trésorerie doit aussi être maintenue à flot. Cette trésorerie est le stock financier de l'entreprise, qui permet de faire tourner un fond de roulement, ou encore d'avoir de la capacité d'investissement. C'est une sécurité pour l'entreprise, mais c'est aussi un effet de levier. La trésorerie doit être en augmentation continue, c'est-à- dire que chaque mois, de l'argent doit rentrer dans la trésorerie. Mais en revanche, il faut utiliser cet argent ! Si l'argent n'est pas utilisé, elle ne sert à rien, il ne faut vraiment pas avoir peur d'utiliser un effet de levier pour pouvoir grandir, bien évidemment, il faut que ces décisions soient réfléchies.

L'investissement est important pour les patrimoines des particuliers, mais c'est tout aussi important pour les entreprises, celles-ci doivent investir dans leurs actifs, afin de développer la rentabilité de l'entreprise. Voici dans quoi une entreprise peut investir :
- Brevet et processus : Une entreprise peut acheter des processus de fabrication, ce sont des secrets qui peuvent être exploités !
- Ressource humaine : Investir dans la main d'œuvre offre de grandes possibilités..
- Formation : Former le personnel a différentes compétences.
- Actif immobilier : Des locaux, du stockage, un lieu pour la production
- Des machines supplémentaires

Ce sont des achats utiles aux entreprises, ils pourront grandement augmenter la capacité de production et la rentabilité. Ces investissements se font sur le long terme de façon générale.

Gestion organisationnelle

Enfin, la gestion de l'organisation est un bon atout pour devenir un bon entrepreneur. C'est une compétence pour s'organiser soi-même, mais c'est aussi un avantage pour coordonner des collègues ou une équipe.

Pour s'organiser, il faut mettre en place un ensemble d'outils et de routine pour être au top. Cela passe par un moment de planification des taches de la semaine, puis une planification des taches de la journée. Une bonne organisation contient aussi des objectifs mesurables et concrets. Découper les grands objectifs en taches plus petites est un bon moyen d'avancer.
S'organiser, c'est définir des routines pour lire les mails par exemple, mais aussi prendre le temps de ranger ses dossiers ou son ordinateur.
L'organisation consiste à établir un cadre de travail précis, avec ce qui n'est pas du travail, comme le rangement, la planification ou le sommeil par exemple.

Note : Des logiciels comme trello peuvent planifier les taches d'une manière optimale et inspirée de la méthode agile. Trello peut aussi, comme beaucoup d'autres logiciels de ce type, tracker le temps, définir des catégories de tâches, faire des todo list,...

Pour s'organiser une équipe , il faut s'écouter pour comprendre les compétences et les limites des autres, il faut aussi travailler en cohérence. C'est pour cela que des logiciels comme Trello ou Clickup deviennent indispensables. Ces logiciels permettent de centraliser l'ensemble des taches dans plusieurs catégories, puis d'assigner des taches aux membres de l'équipe. Ces membres pourront ensuite trier les taches (à faire, en cours, terminé).
Les réunions régulières sont aussi de très bon atout pour l'organisation de l'équipe. Certes, il ne faut pas que les réunions durent trop longtemps, les réunions doivent être brèves, essentielles, et avec l'objectif d'organiser le travail. Ces réunions avec des clients, des collègues et des collaborateurs sont essentielles pour le bon fonctionnement du travail à plusieurs.

Retenez que la difficulté d'organisation est proportionnelle aux nombres de personnes à organiser. En étant seul, les entrepreneurs n'ont parfois même pas besoin de todo list (même si cela est conseillé). Mais lorsqu'une équipe grandit, il faut mettre des choses en place pour s'organiser, c'est inévitable : Alors pourquoi ne pas apprendre et pratiquer l'organisation depuis le début ?

La délégation

La délégation n'est pas obligatoire, mais elle est fortement recommandée lorsque l'entrepreneur manque de temps.

La délégation est le fait de confier une tâche ou une responsabilité à un tiers. Ce n'est pas de la sous-traitance, Il faut voir cela comme un remplacement de la main d'œuvre pour obtenir un gain de temps.
Un entrepreneur doit déléguer le travail qui lui prend du temps, ou encore un travail répétitif.

Mais pourquoi utiliser de l'argent pour faire quelque chose que l'on est capable de faire ?

La réponse se trouve dans le gain de temps. Une tâche répétitive fait avancer une entreprise, mais ce n'est pas la la valeur ajoutée de l'entrepreneur, qui doit évoluer sur des taches de décision ou des taches d'innovations…
De plus, déléguer le travail offre parfois une vision différente des choses, ainsi qu'une automatisation d'une petite partie de l'entreprise, or tous le monde devrait chercher à automatiser les structures.

Pour bien déléguer justement, il faut maîtriser le travail que l'on demande à autrui, parfois le travail déléguer sera meilleur que vous, et parfois il sera inférieur à ce que vous pouvez faire, mais justement : Connaître le travail que vous déléguer permet de bien évaluer la tâche, et d'en comprendre les tenant et aboutissants. De plus, vous serez en capacité de juger la valeur du travail, et ainsi de payer le meilleur prix pour la tâche que vous demandez.

Déléguer, ça permet donc de gagner du temps et de se concentrer sur la vraie valeur que vous pouvez créer. Les entrepreneurs utilisent l'effet de levier de la délégation pour agrandir leurs capacités, alors utilisez-les aussi !

Des sites comme 5euros ou fiverr proposent un grand nombre de services, dans le développement, la gestion, le coaching, l'email, le design, l'administratif, le calcul excel,... Ces plateformes sont pratiques et elles permettent d'acquérir des services facilement !
Si vous ne trouvez pas votre bonheur, il existe des assistants virtuels, ce sont de vraies personnes qui travaillent pour vous en remonter grâce à internet. Ces personnes sont plus onéreuses, mais des assistants comme cela peuvent s'avérer très pratiques. Vous pouvez prendre des assistants a l'étranger pour diminuer les coûts, bien que cela soit de moins en moins le cas.

Quand faut-il déléguer ?

C'est une grande question, il ne faut pas déléguer au début, il faut apprendre a faire les taches soi-même, et il faut développer son idée, son business modèle et sa technique afin d'avoir une stratégie solide, ainsi qu'une vision de développement.
Une fois que les entreprises ont acquis tous les éléments précédents, et qu'elle possède un bon service ou produit, le stade suivant est généralement le scaling, la croissance.

C'est à ce moment précis que la délégation intervient. La délégation n'est pas là pour créer de la valeur, elle est présente pour accélérer la croissance. C'est à ce moment que vous pourrez gérer votre délégation dans de bonnes conditions, avec maîtrise !
Attention donc à ne pas déléguer trop tôt... ni trop tard, vous risquerez de perdre du temps de croissance.

Statut fiscal

En france, il faut obtenir un statut fiscal, une entité pour pouvoir engranger des bénéfices issue d'activité professionnelle, si vous êtes à votre compte (les entrepreneurs sont a leurs compte) il faut donc un statut, une structure qui permettra d'accueillir une activité.
A partir de là, plusieurs solutions s'offrent à vous, et chaque solution a ses avantages, mais aussi ses propres limites. C'est un choix qu'il ne faut pas prendre à la légère, les conséquences en imposition et démarches sont lourdes.

Voici les statuts que peuvent obtenir les entrepreneurs, qu'ils soient seuls ou en équipe !

➢ Entreprise individuelle (EI)

L'entreprise individuelle est une bonne option pour démarrer seul l'entreprenariat. Cette structure ne différencie pas le patrimoine individuel de celui de l'entreprise. C'est également une structure qui simplifie les démarches et les prises de décisions. Les EI peuvent ensuite être transformés en EIRL, ou être fermés pour créer des structures plus grandes.

➢ EIRL (Entreprise individuelle à responsabilité limitée)

Les EIRL sont des entreprises entre les EI et les EURL. C'est un statut pour les entrepreneurs qui agissent seuls. La responsabilité est limitée aux bien affectés à l'entreprise, pour cela les entrepreneurs utilisent une déclaration d'affectation. Les EIRL ne peuvent pas se transformer, si vous évoluez, il faudra fermer l'EIRL et ouvrir une autre entreprise.

➢ Auto-entrepreneur / micro entreprise

La micro-entreprise donne la possibilité de démarrer seul, sans patrimoine, et avec peu de démarche. C'est un bon choix pour démarrer. Les entrepreneurs en micro-entreprise bénéficient d'aide au démarrage, ceux-ci ne paient presque aucun impôts pendant quelque temps. Ensuite, il y a un plafond à respecter pour ce type de structure, qui est défini selon le type d'activité, si vous dépassé le seuil, vous serez dans l'obligation de changer de structure. Il y a une impossibilité à amortir fiscalement les investissements liés à l'entreprise avec ce statut de micro-entreprise.

➤ Portage salarial

Le portage salarial est un hybride entre l'indépendance et le salariat. Ce type de contrat est méconnu mais devient tendance ! Il consiste à se faire embaucher par une entreprise de portage, pour exercer des activités indépendantes. Avec ce mode de fonctionnement, c'est la société de portage qui facture vos clients, et vous êtes rémunéré de façon sécurisé comme en CDI (selon les bénéfices que vous réalisez en moyenne). La société de portage prend une commission dans ce qu'elle facture à vos clients.

Note : Le portage salarial, la micro-entreprise, l'EIRL et l'EI sont les statuts les plus avantageux pour entreprendre seul, regardons maintenant les statuts les plus courants pour entreprendre à plusieurs.

➤ S.A.S

Les SAS sont les Sociétés à Actions Simplifiées, avec un minimum de deux individus, les SAS nécessite la rédaction de plusieurs statuts. C'est un statut souple ou les fondateurs organisent les parts de l'entreprise et les règles d'organisation comme bon leurs souhaite (droit de veto, quorum de majorité, conditions d'adoption,...).
Chaque actionnaire peut apporter des biens en argent ou en matériel, et les décisions doivent être prises en groupe selon les règles établies à la rédaction des statuts.
La SAS est bien pour les startup par exemple, avec plusieurs fondateurs. Elle simplifie les démarches, et donne

beaucoup de perspectives d'évolution. Attention cependant à bien rédiger les statuts.

➤ S.A.R.L (Société A Responsabilité Limitée)
La S.A.R.L est une forme d'entreprise commerciale qui permet aux differents associés d'avoir une responsabilité en fonction de leurs apports dans l'entreprise. Comme pour la SAS, il faudra rédiger des statuts, il faudra également faire toute les démarches d'immatriculation. Toutes sortes d'activités peuvent être encadrées par une S.A.R.L.
Une société comme celle-ci doit obligatoirement nommer un dirigeant qui représente l'entreprise, et publier un avis de constitution.

Bien d'autres structures sont disponibles. Les entrepreneurs passent entre 1 et 3 mois à choisir le type d'entité qui accueillera leurs entreprises. Veillez alors à bien choisir, des centaines de ressources sont disponibles sur internet, les chambres de commerces peuvent aussi répondre à vos questions. être bien renseigné offre de multiples avantages en matière de fiscalité.

Nous arrivons au terme de ce livre, merci d'avoir lu ces écrits sur l'entreprenariat. Gardez à l'esprit que l'action prime sur l'inaction et la procrastination. Essayer de pratiquer en vain est parfois meilleur que la théorie, et beaucoup d'échecs vous attendent dans ce monde. La réussite n'est qu'une suite d'échecs qui vous forge des compétences. Apprenez alors, pratiquez, et obtenez votre succès !

www.ingramcontent.com/pod-product-compliance
Lightning Source LLC
Chambersburg PA
CBHW070304220526
45465CB00004B/1735